LA

FRANCE CHARITABLE

ET PRÉVOYANTE

TABLEAU DES ŒUVRES ET INSTITUTIONS

DU DÉPARTEMENT DE LA

HAUTE-SAVOIE

Publié par les soins de l'Office central des Œuvres de bienfaisance, reconnu d'utilité publique par décret du 3 juin 1896. 175, boulevard Saint-Germain.

PARIS

LIBRAIRIE PLON

E. PLON, NOURRIT ET Cie, IMPRIMEURS-ÉDITEURS

RUE GARANCIÈRE, 10

1896

OFFICE CENTRAL
DES
ŒUVRES CHARITABLES

175, Boulevard Saint-Germain

EXTRAIT DES STATUTS

I. But de l'Association.

ARTICLE PREMIER.

L'Association d'assistance libre, dite « Office central des Œuvres charitables », fondée en 1890, a pour but de rendre l'exercice de la charité plus efficace, de faire connaître aussi exactement que possible l'état de la misère et les œuvres destinées à la soulager, de discerner et de propager les moyens les plus propres à la prévenir et à la combattre. Elle a son siège à Paris.

ARTICLE 2.

Elle se propose d'atteindre ce but :

1° En procédant à une enquête permanente sur les œuvres charitables de toute nature qui existent en France et sur les services qu'elles peuvent rendre;

2° En les reliant, en fournissant des indications sur ces œuvres et en servant d'intermédiaire auprès d'elles;

3° En recueillant des renseignements sur les pauvres;

4° En provoquant la création d'œuvres d'assistance et notamment d'assistance par le travail, et en aidant à leur développement,

5° En facilitant le rapatriement des individus susceptibles de trouver des moyens d'existence hors de la capitale, et en multipliant, à cet effet, le nombre de ses correspondants;

6° En échangeant des informations et des services avec les œuvres charitables établies à l'étranger, en faisant connaître les différents systèmes d'assistance et leurs résultats pratiques;

7° En propageant les institutions de prévoyance et notamment en facilitant les assurances ouvrières.

CONSEIL D'ADMINISTRATION

Président :

M. le marquis **DE VOGUÉ**, membre de l'Institut, ancien ambassadeur. Vice-président de la Société française de secours aux blessés militaires.

Vice-Président :

M. Georges **PICOT**, membre de l'Institut. Président de la Société française des habitations à bon marché; président de la Société d'apprentissage des jeunes orphelins; membre du conseil d'administration de la Société philanthropique.

Secrétaire général fondateur :

M. Léon **LEFÉBURE**, ancien député. Membre du conseil de l'Œuvre des jeunes garçons incurables; président d'honneur de la Société générale de patronage des libérés, etc.

Trésorier :

M. Maurice **DAVILLIER**, banquier. Directeur de la Caisse d'épargne de Paris.

Vice-Trésorier :

M. L. **BRUEYRE**. Membre du conseil supérieur de l'Assistance publique; administrateur délégué de l'Orphelinat du faubourg Saint-Antoine, 254; membre du conseil de direction de l'Œuvre du sauvetage de l'enfance, etc.

M. le marquis **DE FOUCAULT** (secrétaire du conseil d'administration).

Membres :

M. le **prince D'ARENBERG**, député. Président de la Société philanthropique.

M. **AUBURTIN**, maître des requêtes au Conseil d'Etat.

M. **Henry BERTRAND**, avoué près la Cour d'appel. Assistance par le travail.

M. **Jean-Rémy CHANDON DE BRIAILLES.**

M. **E. CHEYSSON**, inspecteur général des ponts et chaussées. Membre du conseil supérieur de l'Assistance publique; vice-président de la Ligue nationale de prévoyance et de mutualité, et de l'Union des Sociétés de patronage en faveur des prisonniers libérés.

M. **DE CRISENOY**, ancien conseiller d'Etat. Président du comité de l'Union d'assistance du XVIe arrondissement.

M. **Amédée DANGUILLECOURT.** Administrateur de la Société philanthropique.

M. **A. DELAIRE.** Secrétaire général de la Société d'économie sociale; vice-président de la Société générale de patronage des libérés.

M. le **marquis DE GANAY.** Président de la Société des amis de l'enfance.

M. **Fernand GIRAUDEAU.** Membre du conseil de l'Hôpital libre du Perpétuel secours.

M. le **marquis DE GOUVELLO**, ancien député. Président de la Société de patronage des orphelinats agricoles.

M. **A. GUILLOT**, membre de l'Institut, juge d'instruction au tribunal de la Seine. Secrétaire général fondateur du Comité de défense des enfants traduits en justice; vice-président de la Société de patronage pour les jeunes détenus et les jeunes libérés du département de la Seine.

M. le **comte D'HAUSSONVILLE**, de l'Académie française. Président de la Société de protection des Alsaciens-Lorrains demeurés Français.

M. le **général HUMANN**, délégué de l'Œuvre de la Miséricorde.

M. **Nathaniel JOHNSTON**, ancien député. Membre de la Société de secours aux blessés militaires.

M. **Léon LALLEMAND**, correspondant de l'Institut.

M. **Étienne LAMY**, ancien député. Membre du conseil d'administration des Fondations Galliera (orphelinat, maison de retraite).

M. **Eugène LECOMTE**, agent de change honoraire. Membre du Comité de l'Œuvre de l'hospitalité du travail.

M. le **baron DE LIVOIS.** Président fondateur de l'Œuvre de l'hospitalité de nuit.

M. **Eugène MARBEAU**, ancien conseiller d'Etat. Président de la Société des crèches; vice-président de la Société philanthropique.

M. **PÉAN DE SAINT-GILLES**, notaire honoraire. Vice-président de la Société philanthropique.

M. **Albert RIVIÈRE**, ancien magistrat. Secrétaire général de la Société générale des prisons; membre du conseil de l'Union des Sociétés de patronage en faveur des prisonniers libérés; membre du conseil de la Société de protection des engagés volontaires.

M. **RIVOLLET**, conseiller à la Cour des comptes. Membre du bureau d'administration de la Société de secours mutuels du VIIIe arrondissement.

M. le **baron F. DE SCHICKLER.** Président du Comité de direction de la Société des ateliers d'aveugles.

M. **Jules SIMON**, de l'Académie française, sénateur. Président de l'Union française pour la défense ou la tutelle des enfants maltraités ou en danger moral (Sauvetage de l'enfance); président de la Société d'encouragement au bien, etc.

M. **Maurice DE LA SIZERANNE.** Secrétaire général de l'Association Valentin Haüy, pour le bien des aveugles.

M. **STOURM**, ancien inspecteur des finances.

M. le **vicomte DE VILLIERS.** Vice-président du conseil d'administration de la Colonie de Mettray.

Administrateur :

M. **Alphonse BÉCHARD**, ancien préfet.

MEMBRES DÉCÉDÉS DEPUIS 1890 :

M. le **comte DE LAUBESPIN**, sénateur. Fondateur de la Maison de travail pour les hommes.

M. **MAMOZ.** Fondateur de l'Œuvre d'assistance par le travail.

M. le **docteur MARJOLIN**, de l'Académie de médecine, chirurgien honoraire des hôpitaux. Président de la Société protectrice de l'enfance.

M. le **duc DE MORTEMART.** Président du Conseil de l'Œuvre des jeunes incurables.

M. le **baron ROZE.** Membre du Conseil de la Société centrale des naufragés.

NOTE PRÉLIMINAIRE

La « France charitable et prévoyante » se compose : 1° de la série des fascicules départementaux; 2° d'une Récapitulation générale par nature d'œuvres.

Une notice, placée en tête de la publication, définit le rôle de l'Office central des œuvres charitables, l'objet, le cadre et la méthode de l'enquête qu'elle a organisée pour dresser l'inventaire de la France charitable et prévoyante, les concours qu'elle a utilisés, et les sources auxquelles elle a puisé ses renseignements. Les personnes qui veulent s'éclairer sur ces divers points sont priées de se reporter à cette notice.

Chaque fascicule départemental se publie à part : il embrasse à la fois les œuvres de l'assistance publique et celles de l'assistance privée, sans s'engager sur le terrain de l'instruction primaire, sauf en ce qui concerne les *écoles maternelles*, qui, par certains côtés, touchent à l'assistance infantile. Il comprend aussi les œuvres de prévoyance, mais avec certaines restrictions destinées à limiter l'étendue de la publication.

Ainsi, il présente une situation complète pour les sociétés coopératives de consommation, de construction et pour les caisses d'épargne. Quant aux institutions de patronage et aux sociétés de secours mutuels et de retraite, leur nombre était trop considérable pour qu'on pût songer à les mentionner toutes. Aussi s'est-on borné à donner, pour chacun de ces groupes distincts, les chiffres d'ensemble afférents au département, et de consacrer une inscription nominative exclusivement à celles de ces institutions qui ont été récompensées à l'une des Expositions d'économie sociale de Paris en 1889, de Lyon en 1894, et de Bordeaux en 1895.

On n'a pas cru devoir admettre non plus, dans le cadre du tableau, même à l'état de simple rappel, — malgré leur intérêt considérable à d'autres points de vue, — les sociétés coopératives de crédit ou de production, et les syndicats agricoles, qui n'ont pas semblé se rattacher d'une façon assez directe à l'objet de l'enquête.

Les œuvres sont classées par arrondissement (1). Chacune d'elles est accompagnée d'une notice très condensée qui la définit par ses traits essentiels. Elle ne constitue ni une recommandation, ni un jugement, mais un simple renseignement de fait, tel qu'il a été fourni par l'enquête.

Malgré le soin extrême avec lequel ces tableaux ont été dressés et revisés, il est inévitable qu'ils contiennent quelques erreurs. Aussi leurs rédacteurs font-ils appel aux critiques du public pour les améliorer, en vue d'une édition ultérieure.

(1) Les arrondissements sont séparés par le signe ~~~

TABLEAU

DES

ŒUVRES ET INSTITUTIONS

DE LA

HAUTE-SAVOIE

I

ENFANCE ET ADOLESCENCE

ÉCOLES MATERNELLES (ou SALLES D'ASILE)

16 écoles maternelles dans le département : 10 publiques, dont 4 dirigées par des laïques et 6 par des religieuses; 6 privées, dirigées par des religieuses.

Écoles maternelles publiques à :

Annecy. — Direction laïque.
Rumilly. — *Id.*
Thônes. — Dirigée par les *Sœurs de Saint-Joseph.*

Bonneville. — Direction laïque.
Cluses. — Dirigée par les *Sœurs de Saint-Joseph.*
Sallanches. — *Id.*
Valleiry. — Dirigée par les *Sœurs de la Croix.*
Vulbens. — *Id.*
Saint-Julien. — Direction laïque.
Évian. — Dirigée par les *Sœurs de Saint-Joseph.*

Écoles maternelles privées à :

Annecy. — Dirigée par les *Sœurs de Saint-Joseph.*
Faverges. — Dirigée par les *Sœurs de la Charité* (de la Roche).

Bonneville. — Dirigée par les *Sœurs de la Charité* (de la Roche).
Saint-Julien. — Dirigée par les *Sœurs de la Présentation.*
Rumilly. — Dirigée par les *Sœurs de Saint-Joseph.*
Thonon. — Dirigée par les *Sœurs de la Charité* (de la Roche).

ENFANTS ASSISTÉS

Au 1er janvier 1896, le nombre des enfants assistés ou protégés de la Haute-Savoie était de 1131, dont 164 assistés au-dessous de 13 ans, 159 de 13 à 21 ans, et 808 protégés.

ORPHELINATS DE GARÇONS

Orphelinat de l'Immaculée-Conception, aux Salomons. — Fondé en 1885. — Dirigé par les *Petites Sœurs des orphelins.* — Reçoit des garçons, de 6 à 13 ans, moyennant une pension annuelle de 240 francs, plus 50 francs d'entrée.

Orphelinat agricole de Saint-Joseph du Lac, à Chens. — Fondé, comme le suivant, par le R. P. Joseph. — Dirigé par les *Frères de Saint-François Regis.* — Reçoit des garçons à 13 ans, et les garde jusqu'à 18 ans, moyennant une pension annuelle de 180 francs. — 50 places.

Asile rural de Douvaine. — Fondé en 1875. — Dirigé par des ecclésiastiques. — Reçoit des garçons à 6 ans et les garde jusqu'à 13 ans (ils entrent alors à l'*Orphelinat Saint-Joseph du Lac*), moyennant une pension annuelle de 180 francs, plus 50 francs d'entrée. — 150 places.

ORPHELINATS DE FILLES

Orphelinat du Sacré-Cœur, à Annecy. — Fondé, en 1855, par l'évêque d'Annecy. — Dirigé par les *Sœurs de la Charité* (de la Roche), sous la surveillance d'un comité. — Reçoit des filles, entre 5 et 12 ans, et les garde jusqu'à 18 ou 20 ans (engagement à prendre), moyennant une pension annuelle de 180 francs. — 85 places.

Orphelinat de l'hôpital d'Annecy. — Dirigé par les *Sœurs de la Charité* (de la Roche). — Reçoit gratuitement des orphelines de la ville. — 15 places.

Orphelinat de l'hospice Avet, à Thônes. — Dirigé par les *Sœurs de Saint-Joseph*, sous le patronage d'un comité de dames. — 12 places.

Orphelinat de Bonneville. — Fondé en 1874. — Dirigé par les *Sœurs de la Charité* (de la Roche). — Reçoit gratuitement, entre 4 et 8 ans, des filles indigentes et les garde jusqu'à 18 ans. Leur apprend la couture, la cuisine et les travaux agricoles. — 35 places.

Orphelinat de l'hôpital de la Roche. — Dirigé par les *Sœurs de la Charité* (de la Roche).

Orphelinat de Collonges. — Fondé en 1832. — Dirigé par les *Sœurs de Saint-Vincent de Paul.* — 40 places.

Orphelinat de Saint-Julien. — Fondé en 1835. — *Autorisé* en 1837. — Dirigé par les *Sœurs de la Présentation de la Vierge.* — Reçoit des filles à 5 ans et les garde jusqu'à 21 ans, moyennant la somme, une fois donnée, de 600 francs, plus 200 francs d'entrée. — 30 places.

Orphelinat de Gaillard (par Annemasse). — Fondé en 1875. — Dirigé par les *Sœurs de la Charité* (de la Roche). — 30 places.

Orphelinat de Villelagrand, à Monnetier-Mornex. — Fondé en 1875. — Dirigé par les *Sœurs de Saint-Vincent de Paul.* — 50 places.

Orphelinat de Thonon. — Dirigé par les *Sœurs de la Charité* (de la Roche). — 50 places.

Orphelinat de Nazareth, à Thonon. — Fondé par Mme Joséphine Dessaix. — Dirigé par les *Dames de Nazareth.*

Asile Morand-Allard, à Mégrève. — Fondé, en 1866, par M. et Mme Morand-Allard. — Dirigé par les *Sœurs de Saint-Joseph.* — Ouvert du 1er novembre au 1er mai. — Reçoit gratuitement des enfants de la famille des fondateurs, ou, à leur défaut, des enfants dont les familles sont trop éloignées pour qu'ils puissent fréquenter les écoles. — 80 places pour filles, 20 pour garçons.

Œuvre de la Providence, à Thônes. — A pour objet de recueillir dans la maison des *Sœurs de Saint-Joseph*, du mois de novembre au mois de mai, les filles dont les familles sont éloignées des écoles. — 20 lits.

APPRENTISSAGE

École nationale d'horlogerie, à Cluses. — Comptait, au 1er janvier 1894, 148 élèves.

Bourses d'apprentissage, à Annecy. — En vertu d'une fondation du chanoine Laverrière, les hospices payent les frais d'apprentissage à une dizaine de garçons de la ville et autant de filles.

OUVROIRS

Ouvroir d'Annecy. — Dirigé par les *Sœurs de Saint-Joseph.* — Reçoit gratuitement des jeunes filles indigentes de la ville; leur apprend la couture. — 30 places.

Ouvroir de Thônes. — Fondé par M. Avet. — Dirigé par les *Sœurs de Saint-Joseph*, avec l'assistance d'un comité de dames. — 12 places.

ŒUVRES DE PRÉSERVATION

PATRONAGES

Patronage de garçons, à Annecy. — Dirigé par un ecclésiastique.

Patronage de garçons, à la Roche. — Dirigé par un ecclésiastique.

II

AGE ADULTE

INSTITUTIONS DE PRÉVOYANCE

ÉPARGNE

Caisse d'épargne d'Annecy, *autorisée* en 1860.
— — **de Bonneville,** *autorisée* en 1874.
— — **de Thonon,** *autorisée* en 1864.

Au 1er janvier 1894, ces trois caisses comptaient ensemble 10,284 livrets. Les versements qui y avaient été effectués en 1893 s'élevaient à 1,412,753 francs.

Au 1er janvier 1893, il existait dans le département de la Haute-Savoie 411 *caisses d'épargne scolaires*, qui comptaient 5,500 livrets, représentant la somme de 71,169 francs de dépôts.

22,315 dépôts, montant ensemble à 2,929,529 francs, ont été faits, en outre, en 1893, à la *Caisse nationale d'épargne*, par des habitants de la Haute-Savoie.

SECOURS MUTUEL

17 sociétés de secours mutuels *approuvées* dans le département (au 1er janvier 1893), comptant ensemble 194 membres honoraires, 2,053 membres participants et possédant un avoir total de 197,766 francs.

42 sociétés *autorisées*, comptant 445 membres honoraires, 3,672 membres participants, et possédant un avoir de 283,262 francs.

RETRAITES

Sur les 17 sociétés de secours mutuels *approuvées* du département, 3, au

1er janvier 1893, avaient des fonds de retraites dont l'ensemble s'élevait à 18,805 francs.

Elles servaient 6 pensions, montant ensemble à 432 francs.

Au 1er janvier 1894, 436 habitants de la Haute-Savoie étaient inscrits à la *Caisse nationale des retraites pour la vieillesse*, pour une rente totale de 48,985 francs, soit une moyenne de 112 francs.

SOCIÉTÉS COOPÉRATIVES DE CONSOMMATION

3 sociétés dans le département :

Annecy. — Employés de la Compagnie P.-L.-M.
Annemasse. — Employés de la Compagnie P.-L.-M.
La Roche. — L'Abeille.

SECOURS AUX INDIGENTS

Bureaux de bienfaisance. — En 1892, 168 bureaux dans le département, 10,537 assistés, 19,022 secours accordés.

Société de Saint-Vincent de Paul. — Visite les indigents, leur distribue des secours en nature.

*Conférence d'***Annecy.** — Fondée en 1851.
— *de* **Thonon.**

Maison de Miséricorde, à Collonges. — Dirigée par les *Sœurs de Saint-Vincent de Paul.*

SECOURS AUX MALADES

HOPITAUX ET HOSPICES

Dans tout le département, 508 lits d'hôpitaux ou d'hospices.
Malades traités pendant l'année 1893 : 1,256.
Infirmes, incurables et vieillards hospitalisés au 1er janvier 1894 : 102.

Hôpital-hospice d'Annecy. — Fondé en 1823, avec les revenus de fondations hospitalières antérieures à la Révolution. — Desservi par les *Sœurs de la Charité* (de la Roche). — Reçoit gratuitement les malades indigents de la ville, et aux frais de leurs communes respectives ceux de l'arrondissement, moins les cantons de *Rumilly*, d'*Alby* et de *Faverges*. — 84 lits pour malades civils adultes; 43 pour militaires.

Hospice de Rumilly. — Reçoit gratuitement les malades indigents de la ville, et aux frais de leurs communes ceux des cantons de *Rumilly*, *Alby* et *Seyssel*. — 20 lits.

Hospice de Bonneville. — Desservi par les *Sœurs de la Charité* (de la

Roche). — Reçoit gratuitement les malades indigents de la ville, et aux frais de leurs communes ceux des cantons de *Bonneville*, *Cluses*, *Samoëns*, *Taninges* et *Saint-Jeoire*. — 23 lits.

Hospice de la Roche. — Desservi par les *Sœurs de la Charité* (de la Roche). — Reçoit gratuitement les malades indigents de la ville et ceux des cantons de *la Roche* et de *Reignier*. — 3 lits.

Hôpital de Sallanches. — Fondé, en 1296, par Hugonet de Crecherel. — Doté, en 1638, par noble P. Solliard. — Reçoit gratuitement les malades indigents de la ville ou de passage, et aux frais de leurs communes ceux des cantons de *Sallanches*, *Saint-Gervais* et *Chamonix*. — 30 lits.

Maison de santé de Megève. — Fondé en 1696. — Reçoit gratuitement les malades indigents de la ville. — 20 lits.

Hôpital civil et militaire de Saint-Julien. — Fondé en 1862. — Desservi par les *Sœurs de Saint-Joseph*. — Reçoit gratuitement les malades indigents de la commune, et aux frais de leurs communes ceux de l'arrondissement, moins le canton de *Reignier* et une partie du canton de *Seyssel*. — 30 lits.

Hôtel-Dieu de Thonon. — Fondé en 1670. — Reçoit gratuitement les malades indigents de la ville, et aux frais de leurs communes ceux de l'arrondissement, moins les cantons d'*Évian* et d'*Abondance*. — 47 lits.

Hôpital d'Évian. — Fondé, en 1846, à l'aide d'une donation faite par M. Berg. — Desservi par les *Sœurs de Saint-Joseph*. — Reçoit gratuitement les malades indigents de la ville, et aux frais de leurs communes ceux des cantons d'*Évian* et d'*Abondance*. — 14 lits.

Hôpital de Faverges. — Desservi par les *Sœurs de la Charité* (de la Roche). — Reçoit gratuitement les malades indigents de la ville, et aux frais de leurs communes ceux du canton (1).

SOIN DES MALADES A DOMICILE

Maison des Sœurs de Saint-Joseph, à Annecy. — Soigne et garde les malades à domicile.

Maisons des Sœurs de la Roche (dites *Sœurs du Grabat*), **à Annecy et à Thonon.** — Visitent à domicile les malades indigents et les assistent à l'aide de fonds fournis par l'Administration des hospices.

Maison des Sœurs de Bon-Secours, à Thonon. — Soigne et garde les malades.

Société de Sainte-Marthe, à Annecy. — Visite et assiste les malades indigents.

(1) Les circonscriptions hospitalières indiquées ci-dessus ont été fixées par le Conseil général de la Haute-Savoie, en exécution de la loi du 15 juillet 1893.

SECOURS AUX MILITAIRES ET AUX MARINS

Société de secours aux blessés. — Comités à **Annecy** et **Thonon**. — Assiste, en temps de guerre, les militaires blessés ou malades; secourt, en temps de paix, les anciens militaires blessés, leurs veuves et leurs orphelins.

INCURABLES

Voir, plus loin, *Asiles de vieillards*.

ALIÉNÉS

Asile public d'aliénés, à Bassens. — Desservi par les *Sœurs de la Charité* (de la Roche). — Reçoit les aliénés des deux sexes de la Savoie et de la Haute-Savoie placés d'office par l'administration, et des aliénés placés par leur famille, moyennant une pension.

III

VIEILLESSE

ASILES DE TOUTE NATURE POUR LES VIEILLARDS

Asile des vieillards, à Annecy. — Fondé, en 1858, par les Dames de charité de la ville. — *Reconnu établ. d'util. publ.* en 1876. — Desservi par les *Sœurs de Saint-Vincent de Paul*. — Reçoit des vieillards indigents des deux sexes, célibataires, âgés de 60 ans au moins, moyennant une pension variant de 15 à 25 francs. — 65 lits.

Hôpital d'Annecy. — A 17 lits réservés à des vieillards indigents âgés de 60 ans au moins et domiciliés depuis plusieurs années dans la ville.

Asile départemental de vieillards et d'incurables, à Reignier. — Dirigé par une commission administrative. — Desservi par un personnel laïque. — Reçoit des vieillards et des incurables domiciliés dans la Haute-Savoie, moyennant une pension de 1 franc par jour, dont la moitié est payée par le département.

Hospice Avet, à Thônes. — Fondé, en 1862, par M. Avet. — Desservi par les *Sœurs de Saint-Joseph.* — Reçoit des vieillards des deux sexes. — 80 lits.
Voir, plus haut, *Hôpitaux et hospices.*

Hôpital de la Roche. — Reçoit des vieillards des deux sexes.

Hôtel-Dieu de Thonon. — Reçoit des vieillards des deux sexes.

Hôpital de Thônes. — Reçoit des vieillards des deux sexes.

PARIS. TYP. DE E. PLON, NOURRIT ET Cie, 8, RUE GARANCIÈRE. — 897.

aucun fascicule présent

'un
ent
les
les
ys.

les
.es
x,
'te
.te

www.ingramcontent.com/pod-product-compliance
Lightning Source LLC
LaVergne TN
LVHW010411240826
846091LV00020B/3628

* 9 7 8 2 0 1 6 1 2 3 8 5 0 *